BLIZZARD

블리자드 코스플레이

COSPLAY

BLIZZARD ENTERTAINMENT
Additional Writing By: Matt Burns
Editors: Allison Irons, Paul Morrissey, David Wohl
Art Direction: Bridget O'Neill
Creative Consultation: Alex Ackerman, Megan Embree, Lorraine M. Torres
Lore Consultation: Sean Copeland, Christi Kugler, Justin Parker
Production: Diandra Lasrado, Brianne M. Loftis, Timothy Loughran, Alix Nicholaeff, Charlotte Racioppo, Derek Rosenberg, Cara Samuelsen, Jeffrey Wong
Director, Consumer Products: Byron Parnell
Director, Creative Development: Ralph Sanchez
Special Thanks: Hector Bolanos, Andrew English, Erik Jensen, Julie Kimura, Pablo Lloreda, Ty Stevens

DESIGN BY CAMERON + COMPANY
Publisher: Chris Gruener
Creative Director: Iain R. Morris
Art Director: Suzi Hutsell
Design Assistant: Amy Wheless

Cover
NATALIA KOCHETKOVA A.K.A. NARGA · JAINA
Photographer: Kira

Page 1
SARAH SPURGIN · JUNKRAT
Photographer: Tim Vo

Pages 2-3
CHRISTINA MIKKONEN A.K.A. ZERINA · DIABLO III MONK
Photographer: Tim Vo

Opposite
TSUNAMI JENN · ANA AMARI
Photographer: BriLan Imagery

Overleaf
NATALIA KOCHETKOVA A.K.A. NARGA · TYRANDE
Photographer: Kira

Page 240
JESSICA NIGRI · DEATHWING
Photographer: Carlos Guerrero
Costume designed by Zach Fischer

Back Cover
DORASAE A.K.A. AKAKIOGA COSPLAY · SYMMETRA
Sara Lynn Photography

블리자드 코스플레이

초판 1 쇄 | 2019년 2월 13일

지은이 | 블리자드 엔터테인먼트
옮긴이 | 최성은

펴낸이 | 서인석
펴낸곳 | 제우미디어
출판등록 | 제 3-429호
등록일자 | 1992년 8월 17일
주소 | 서울시 마포구 독막로 76-1 한주빌딩 5층
전화 | 02-3142-6845
팩스 | 02-3142-0075
홈페이지 | www.jeumedia.com

ISBN | 978-89-5952-745-8
※ 파본은 구입하신 서점에서 교환해 드립니다.
※ 본 한국어판 서적의 저작권은 Blizzard Entertainment, Inc가
　보유합니다.

제우미디어 네이버 포스트 | post.naver.com/jeumediablog
제우미디어 페이스북 | facebook.com/jeumedia

만든 사람들
출판사업부 총괄 손대현 | **편집장** 전태준
책임 편집 안재욱 | **기획** 홍지영, 박건우, 장윤선, 조병준, 성건우
디자인 총괄 디자인 수 | **영업** 김금남, 권혁진
도움 주신 분 블리자드코리아 현지화팀, 홍보팀, 커뮤니티팀,
마케팅팀, 웹서비스팀

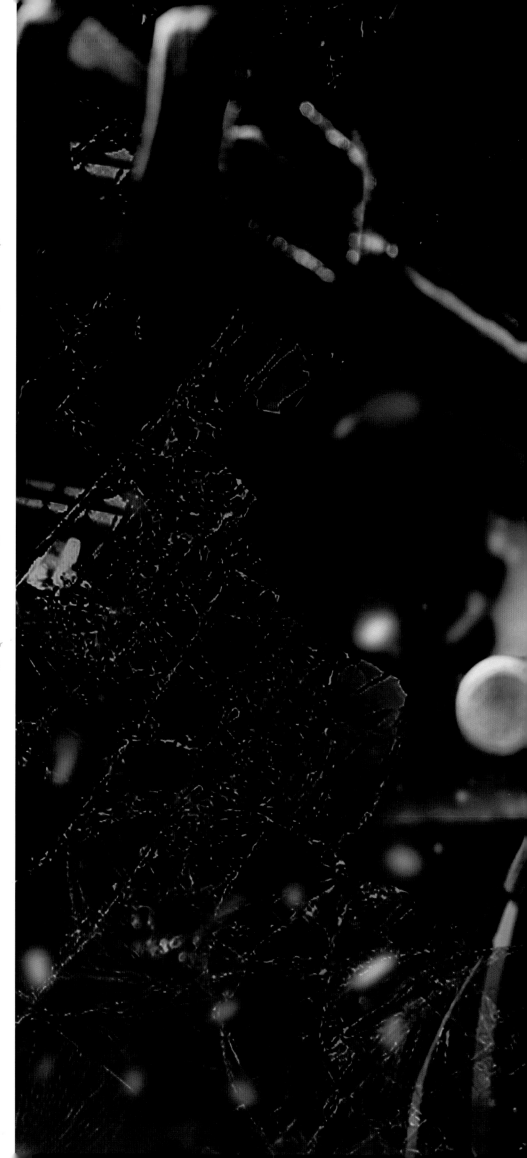

소 개

2005년부터 저희는 매년 블리즈컨을 개최하고 있습니다. 블리즈컨을 통해 게임을 소개하고 새로운 소식을 전하며, 세계 각지의 블리자드 커뮤니티가 한자리에 모이게 됩니다.

블리즈컨에 도착한 관람객의 눈을 가장 먼저 사로잡는 건 코스플레이어들입니다. 코스플레이어란, 자신이 좋아하는 캐릭터의 모습을 본떠 각고의 노력을 들인 끝에 현실로 재현하는 사람을 일컫습니다. 그들은 워크래프트, 스타크래프트, 오버워치, 디아블로, 그리고 하스스톤의 캐릭터가 되어 활약합니다. 코스플레이를 본 관람객의 입가에는 잔잔한 미소가, 때로는 큰 웃음이 묻어납니다. 사실, 감탄으로 입만 떡하니 벌리게 되는 경우가 대부분이긴 합니다.

코스플레이어들은 수개월, 때로는 몇 년을 들여 코스튬을 제작합니다. 작업에는 그래픽 디자인, 도색, 금속 가공 및 각종 공학 기술에 이르기까지 다양한 능력이 요구됩니다. 제작과정에서 여러 도전에 직면하기도 합니다. 순탄치 않은 여정 속에서도 임기응변을 통해 여러 문제를 해결하고 탁월한 의지로 작업을 끝까지 이어 나갑니다. 마침내 완성된 코스튬은 운반을 위한 포장 작업으로 이어집니다. 실제로 포장도 만만치 않게 힘든 일이죠. 포장이 끝나면 장거리 비행을 거쳐 블리즈컨과 같은 세계 각지의 행사에서 코스플레이를 선보입니다. 모든 일정이 마무리되면, 그들은 다시 새로운 프로젝트에 착수합니다. 코스플레이어들에게는 언제나 다음 도전이 기다리고 있기 때문입니다.

그렇다면 코스플레이어들이 계속해서 도전하는 이유가 무엇일까요? 그리고 그들에게 코스플레이란 어떤 의미일까요?

저희는 세계 각지의 재능 넘치는 코스플레이어들을 인터뷰하며, 코스플레이 문화를 즐기는 이유와 노하우, 작업 중에 겪은 여러 가지 시련에 대해 알아보았습니다. 인터뷰에 응한 모두가 코스플레이에 대해 자신만의 시각과 이야기를 지녔으며 깊은 열정을 품고 있었습니다.

코스플레이어들이 보여주는 넘치는 사랑은 블리자드의 영감이 됩니다. 독자 여러분 또한 저희가 받는 영감을 함께 나눠 받으실 수 있기를 진심으로 기원합니다.

PIXELPANTZ ▪ *디아블로 III, 부두술사*
Photographer: Alec Rawlings

"제가 처음 코스플레이를 했던 건 고등학교 1학년 때였어요. 당시에는 뭐랄까, 숨은 '너드'였
죠. 저와 비슷한 취향을 가진 친구들도 거의 없었어요. 코스플레이는 제가 사랑하는 것들을
숨기지 않고 드러낼 기회를 마련해주었습니다."
—*PixelPantz*

KATRINA FOX COSPLAY ▪
발리라 생귀나르
Photographer: Carlos Guerrero

LOUICE ADLER A.K.A. LANISAZ • 자가라
Photographer: Tony Julius

"전 예전부터 캐릭터 창작에 열정을 지니고 있었어요. 그래서 코스플레이를 처음 접했을 때 흥미가 일었던 것 같아요. 단지 그림을 그리고 이미지화하는 것에 멈추지 않고 캐릭터를 현실로 재현할 기회를 얻게 되었으니까요."
—*Louice Adler a.k.a. Lanisaz*

ALINA GRANVILLE A.K.A. SPOON MAKES ▪ 토르비욘
Photographer: John Jiao

"애니메이션 행사장에 자연스럽게 섞여 들어가려고 만든 게 제 첫 코스플레이었어요. 그 코스튬은 정말 실컷 입었는데, 입을 때면 소속감이 느껴져서 좋았던 것 같아요. 물론 본격적으로 발을 들인 건 몇 년 후였죠. 뭔가 신나고 창의력 넘치는, 인생의 분출구가 필요한 시점이었거든요. 스트레스 넘치는 우울한 인생의 순간을 잘 대처할 수 있게끔 도와준 게 바로 코스플레이었어요. 제 인생에 긍정적인 영향을 미쳤다고 말하고 싶어요. 새로운 친구들을 사귀며 많은 것들을 배우게 되었고, 자신감도 기를 수 있었어요."
—*Alina Granville a.k.a. Spoon Makes*

TAMARA BAKHYLCHEVA ▪ 마그다
Photographer: Tom Hicks

KELTON CHING (KELTONFX) ▪
케리건
Alive Alf Photography

"14살 때 처음 시작했어요. 고스(Goth)와 일본 비주얼계(Visual-Kei)
에 심취해서 직접 제작했었죠. 그 방면에서 활동하다가 어느 날 비
디오 게임 캐릭터의 코스튬도 손수 만드는 그룹이 존재한다는 사실
을 알게 되었어요. 전 정말 멋진 일이라는 생각에 바로 도전했죠. 순
수미술 전공이 코스플레이에 필요한 제작 기술을 익히는 데 큰 도움
이 되었어요. 이제 코스플레이는 제가 지닌 예술성을 표현하는 분출
구가 되었습니다."
—Kelton Ching (KeltonFX)

RALF FROM LIGHTNING COSPLAY ▪ 말퓨리온
Photographer: eosAndy

LAURA FROM LIGHTNING COSPLAY ▪ 티란데
Photographer: eosAndy

LAURA & RALF FROM LIGHTNING
COSPLAY ▪ 티란데와 말퓨리온
Photographer: Martin Hola

"2011년, 독일에서 열린 어느 행사에서 코스플레이를 처음 접했습니다. 전 놀라운 코스튬과
창의적인 코스플레이어들에게 감탄한 나머지 '내년에는 나도 꼭 해야겠어!'라고 다짐했죠. 이
렇게 모든 게 시작되었어요."
—*Laura & Ralf from Lightning Cosplay*

ASHLEY O'NEILL A.K.A. OSHLEY COSPLAY ▪
월드 오브 워크래프트, 사냥꾼
Photographer: Studio Henshin

"친구와 저는 월드 오브 워크래프트에서 우리가 좋아하는 장소들이 현실에 존재한다면 얼마나 좋을까 하는 몽상에 잠기곤 했어요. 그러던 어느 날, 친구가 제게 월드 오브 워크래프트 코스플레이어들의 사진을 보내줬고, 전 자연스럽게 이 세계에 발을 들이게 되었습니다. 처음에는 이런 장르가 존재한다는 사실이 놀라웠어요. 좋아하는 게임의 아이템과 코스튬을 현실에서 재현하는 사람들이 있다는 것도 신기했고요. 그때 문득 '나도 할 수 있겠는데?'라고 깨달았어요. 그래서 즉시 실천했어요! 바로 다음 날, 인터넷을 통해 코스튬 제작 정보를 검색하면서 월드 오브 워크래프트 코스플레이어들이 제작한 코스튬들도 두루 살펴보기 시작했죠."
—*Ashley O'Neill a.k.a. Oshley Cosplay*

VICKYBUNNYANGEL COSPLAY ▪
디아블로 III, 주니마사 마법사
Martin Wong Photo

SERAPH COSPLAY ▪ 말티엘
Photographer: Jayce Williams a.k.a. Photo NXS

SPIF ZAYA ▪ *디아블로 III, 성전사*
Eric Ng a.k.a. Bigwhitebazooka Photography

"할로윈 코스튬을 통해 코스플레이에 흥미를 붙이기 시작했어요. 이후로는 정말 정신없이 진행되었죠. 행사에 참가하고 일본 애니메이션 문화에도 관심을 가지기 시작했으니까요. 저에게 코스플레이는 일종의 표현 방식이자 팬덤, 너드들의 사교 문화입니다. '평범'하지 않은 것도 코스플레이를 통해 자유롭게 표현할 수 있다고 생각해요."
—Spif Zaya

LAURA "KAZUL" MERCER •
들창코
Photographer: John Jiao

"전 코스플레이 캐릭터를 고를 때, 게임 속에서 '디자인 멋진데!', '정말 끝내주잖아?'라는 느낌을 받은 캐릭터의 목록을 쭉 뽑아요. 거기서부터 천천히 하나하나 추려내기 시작하죠. 최선의 범위로 좁혀낸 것 중에서, 실제로 어떻게 만들어 낼 수 있을지 여러 방법을 고민합니다. 또한 동시에 구현하고 싶은 기술이나 특징 같은 목표를 염두에 둬요."
—Laura "Kazul" Mercer

FEYISCHE COSPLAY ▪ 마그나 에이그윈
Photographer: Igor Rybakov (retouch: Antonina Rybakova)

CHAD HOKU A.K.A. HOKU PROPS • 우서
Photographer: Gil Riego
Costume designed by Zach Fischer

"저는 캐릭터와의 정서적인 연결이 가장 중요한 요소라고 생각해요. 진정한 코스플레이라고 불리기 위한 최소한의 전제조건이라 해도 과장이 아닐 겁니다. 정서적 연결을 통해 코스플레이어는 대상에 대한 통찰력을 기르게 되고, 캐릭터를 올바르게 묘사할 수 있습니다."
—*Chad Hoku a.k.a. Hoku Props*

BLACKWATCH COSPLAY & RAGE GEAR PROPS ·
블랙워치 레예스(리퍼)와 겐지
Photographer: David Ngo a.k.a. DTJAAAM

RIAN SYNNTH COSPLAY ▪ 한조
Photographer: David Ngo a.k.a. DTJAAAM

KELTON CHING (KELTONFX) ▪ 용의 군주 한조
Eric Ng a.k.a. Bigwhitebazooka Photography

"어둡고 음울한, 남들에게 이해받지 못하는 캐릭터를 좋아해요. 어렸을 때, 전 혼자 있기를 좋아하는 아웃사이더 기질이 있었거든요. 그래서 그런지 저와 비슷한 캐릭터들을 선호하게 된 것 같아요. 제 코스플레이 대상이었던 케리건과 한조도 비슷한 종류의 캐릭터죠."
—Kelton Ching (KeltonFX)

SVETLANA QUINDT A.K.A. KAMUI COSPLAY ▪
월드 오브 워크래프트, 전사 티어5 세트
Photographer: Kamui Cosplay

"커다란 무기를 들고 육중한 갑옷을 걸친 강하고 독립적인 여성 캐릭터를 재현하는 게 가장 즐거워요. 그런 의미에서 디아블로 III의 야만용사와 월드 오브 워크래프트의 티어5 세트를 입은 전사야말로 제게 딱 맞는 캐릭터였던 셈이죠! 제가 강하고 독립적인 성격이라 유사한 캐릭터를 선호하는 것 같아요. 전 도전 욕구를 불러일으키는 고난도 디자인과 섬세함을 요구하는 코스튬 작업에 흥미를 느끼는 편이에요."
—*Svetlana Quindt a.k.a. Kamui Cosplay*

KIWAMI & BRIDOOF ▪ 위도우메이커와 트레이서
Photographer: BriLan Imagery

SONIA A.K.A. CINDERYS ▪ 이세라
Photographer: Sinclair Quatrefages

"내가 누구인지를 드러내는 캐릭터를 좋아합니다. 그리고 그들은 대체로 강하고 독립적인 성격을 지니고 있어요. 전 캐릭터들과 교감하며 영감을 얻죠. 좋아하는 캐릭터들이 시련을 겪는 모습 속에서 나 자신의 모습 또한 발견하게 되는 것 같아요."
—*Sonia a.k.a. Cinderys*

DORASAE A.K.A. AKAKIOGA COSPLAY ▪ D.VA
Photographer: Cosfame

"저와 가장 큰 공감대를 형성하고 있는 캐릭터를 선택해요. 성격과 복장, 자기표현 방법 등 각종 요소가 영향을 주죠. 저를 닮은 특징
들을 고려해 선택할 때도 있어요. 물론, 가장 중요하게 생각하는 부분은 아니지만 말이죠. 솔직히 전 그냥 마음에 드는 캐릭터를 선택
해요! 제가 만약 비슷한 생김새라는 이유만을 고집한다면 동기부여가 되지 않을 거예요."
—*Dorasae a.k.a. Akakioga Cosplay*

STELLA CHU ▪ 위도우메이커
Eric Ng a.k.a. Bigwhitebazooka
Photography

JACKIE CRAFT A.K.A.
JACKIE CRAFT COSPLAY ▪
바리안 린
Photographer: Alexandra Lee Studios

"저는 캐릭터에 얽힌 스토리와 비주얼을 토대로 마음에 드는 코스튬을 선택합니다. 하지만 가장 흔한 경우는, 캐릭터가 제 삶에 끼친 영향입니다. 예전에 제가 리치왕을 선택했던 이유도 *월드 오브 워크래프트 : 리치왕의 분노* 당시 서버 최초 리치왕 처치 업적을 달성했기 때문입니다. 제 인생에서 가장 특별했던 사건 중 하나였죠. 이후에는 워크래프트 소설을 읽고 바리안 린 국왕 코스플레이를 했어요."
—*Jackie Craft a.k.a. Jackie Craft Cosplay*

FEYISCHE COSPLAY • 실바나스
Photographer: SeiPhoto

ENISHI COSPLAY • 캘타스
Photographer: SeiPhoto

FEYISCHE & ENISHI COSPLAY ·
켈타스와 실바나스
Photographer: SeiPhoto

"흥미롭고 복잡한 디자인을 가진 캐릭터를 주로 선택합니다. 매번 소품 제작
과 코스튬 바느질, 분장 실력을 향상하기 위해서 노력해요. 저희의 목표는 기
존 작품을 능가하는 새로운 작품을 만들어내는 겁니다."
—Feyische & Enishi Cosplay

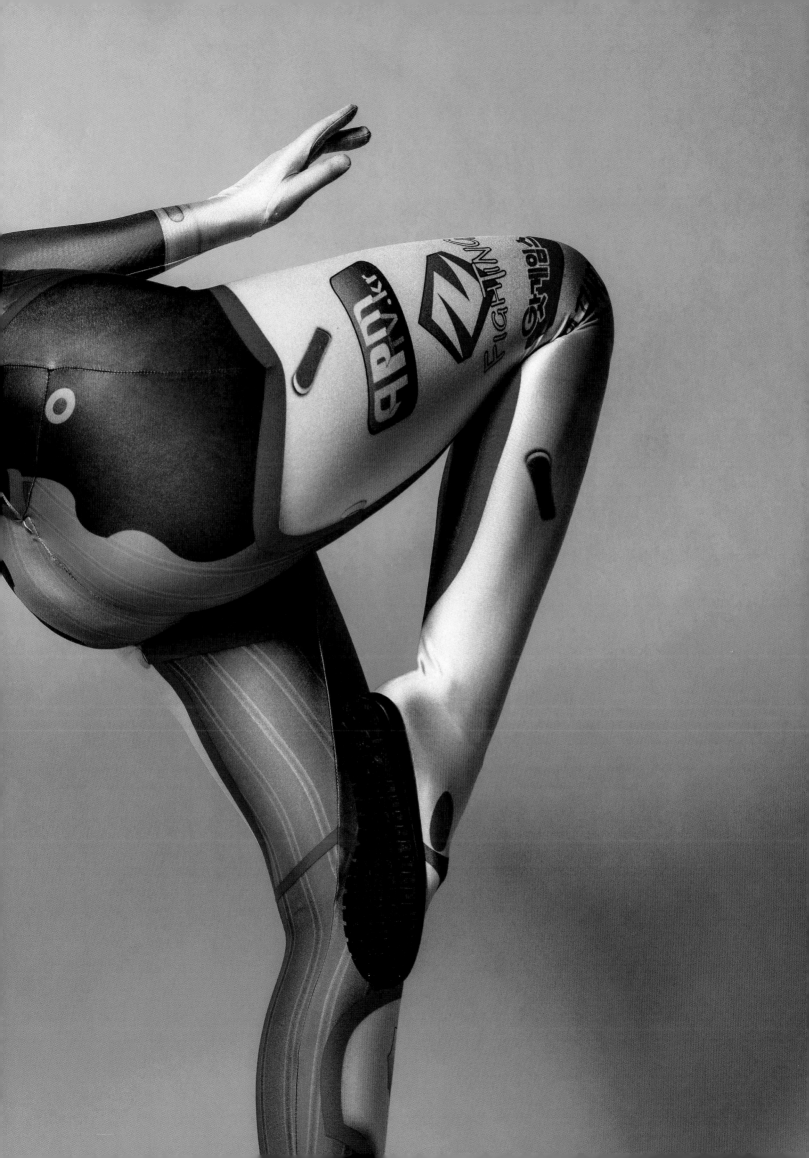

CALEB NEAL A.K.A.
FABRICATOR DJINN · 임페리우스
Photographer: Tim Vo

"코스플레이에 법이 있다면 '멋진 것을 보여줘라'일 것입니다. 저도 당연히 시선을 잡아끄는 인상적인 캐릭터를 선호하죠. 코스튬 제작을 위해 새로운 기술을 배워야 한다면 전 언제나 환영입니다. 임페리우스를 디아블로 III의 시네마틱 영상에서 처음 봤을 때였어요. 저는 속으로 '와, 저건 절대 못 만들겠는데?'라고 생각했죠. 제가 틀렸다는 걸 증명하고 싶었어요."

—*Caleb Neal a.k.a. Fabricator Djinn*

SARA MCMUNN A.K.A.
C'EST LA SARA ▪ 리밍
Photographer: Carlos Guerrero

"캐릭터의 인기에 따라 달라져요. 인기가 없을수록, 제가 그 캐
릭터를 코스플레이 할 확률이 올라가죠. 비인기 캐릭터들은 코
스플레이를 통해 사랑해줄 필요가 있어요! 그리고 전 희귀한 게
좋거든요!"
—*Sara McMunn a.k.a. C'est La Sara*

CHRISTOPHER GUIDOTTI ▪ 블랙워치 맥크리
Photographer: Jeremy Coldwell, Costume by Henchmen Studios

ROHAIN ARORA ·
블랙워치 레예스(리퍼)
Photographer: Jeremy Caldwell
Costume by Henchmen Studios

"프로젝트 초기 단계는 정말 흥미롭고, 동시에 가장 벅찬 시기입니다. 이때 코스튬을 디자인하고 제작할 방법을 세분화하고 기획하는 데 철저해야 합니다. 눈에 보이는 장애물을 인식하고 문제를 분석해서 대비해야 하죠. 그래야 미래의 골칫거리를 예방할 수 있어요. 언제나 새로운 도전에 직면하게 될 거예요. 하지만 탄탄한 계획으로 세부적인 부분에 명확한 방향을 세워 뒀다면 시간이 촉박한 마무리 단계에서도 막힘없이 진행할 수 있을 겁니다."
—*Jordan Duncan of Henchmen Studios*

NATALIA KOCHETKOVA A.K.A. NARGA ▪ 제이나
Photographer: Kira

NATALIA KOCHETKOVA
A.K.A. NARGA ▪ 제이나
Photographer: Kira

DANA HOLMES-MCGUIRE & COURTNEY HOLMES A.K.A. EGG SISTERS COSPLAY ▪
블랙하르트
Photographer: David Ngo a.k.a. DTJAAAM

"작업하다 보면 반드시 뭔가 잘못됩니다. 저희가 겪은 일이요? 몰드가 부서지고,
페인트가 벗겨지고, 폼이 녹아버렸죠."
—*Dana Holmes-McGuire & Courtney Holmes
a.k.a. Egg Sisters Cosplay*

LYZ BRICKLEY ▪ 메르시
Photographer: Bear

"참고 자료로 사용할 사진을 가능한 많이 수집해요. 동시에 각 부분에 어떤 재료를 사용할지도 고민하기 시작합니다. 이 과정이 꽤 재미있어서, 빨리 제작하고 싶다는 마음이 생겨요."
—*Lyz Brickley*

JIIDRAGON ▪ 정크랫
Photographer: BriLan Imagery

GLAMAZONIAN RAGE • 요한나
Photographer: Jayce Williams a.k.a. Photo NXS

SVETLANA QUINDT A.K.A. KAMUI COSPLAY ▪
프로토스 마법사
Martin Wong Photo

"이 코스튬의 문제는 참고할 자료가 부족하다는 거죠. 게임에 등장하는 작은 초상화 하나뿐
이었거든요. 캐릭터의 얼굴을 제외한 다른 부분은 일절 보이지 않았고, 전 결국 갑옷 및 캐
릭터의 전반적인 디자인을 스스로 만들어내야만 했죠. 고민 끝에 스타크래프트 고위 기사
와 디아블로의 마법사를 섞어보기로 했어요. 아이디어가 정말 마음에 들었습니다. 다음으
로 콘셉트를 그려 아이디어를 완성 시켰어요. 이전에 이런 걸 그려본 경험이 없는 탓에 굉장
히 힘든 작업이었어요. 실력이 미흡했던 탓인지 완성된 모습이 마음에 들지 않아 많이 수정
해야만 했어요."
—Svetlana Quindt a.k.a. Kamui Cosplay

NATALIA KOCHETKOVA
A.K.A. NARGA ▪ 티란데
Photographer: Kira

JUSTIN HADEED A.K.A. JUSCOSPLAY ▪ 파라
Photographer: BriLan Imagery

"새로운 재료와 신규 제작 공법을 실험할 때에는 실패를 염두에 두는 편이에요. 제작과정 중 어느 부분이 잘못되었는지 알아보는
일에 흥미를 느끼죠. 어떤 부분에서 실수했는지, 그리고 개선할 방법은 무엇인지 찾을 수 있으니까요."
—*Justin Hadeed a.k.a. JusCosplay*

AOKI ▪ 아서스
Photographer: Kira

NATALIA KOCHETKOVA A.K.A. NARGA ▪ 제이나
Photographer: Kira

JANYN MERCADO A.K.A. LUNAR CROW ▪ 지휘관 아마리
Emilie Henriksen (Hanamaru Photography)

"약간 우습게 들리겠지만, 전 코스플레이에서 천으로 만들어진 코스튬의 중요성이 굉장히 과소평가 되었다고 생각해요. 많은 사람이 커다란 갑옷에만 감탄하죠. 그래서인지 옷감이나 재봉 실력은 뒷전으로 밀려나기 일쑤예요. 모두가 재봉의 중요성을 좀 더 알아줬으면 좋겠어요! 전 코스튬을 준비할 때에 재봉틀 앞에서 살다시피 한답니다."
—*Janyn Mercado a.k.a. LUNAR CROW*

JANYN MERCADO A.K.A.
LUNAR CROW ▪ 시메트라
Brandon Klemets Photography

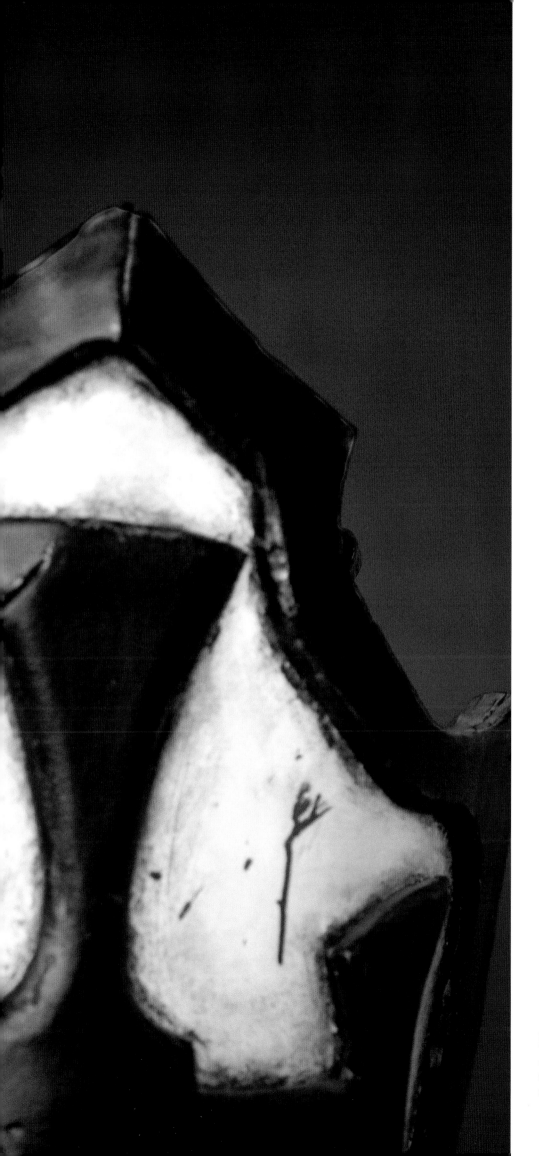

DARSHELLE STEVENS ▪
요한나
Photographer: Carlos Guerrero
Costume by Lyz Brickley

SVETLANA QUINDT A.K.A. KAMUI COSPLAY ▪ 정예 요원 노바
Photographer: Kamui Cosplay

**KRISTIN STUMPP A.K.A. LITTLE
SPARKZ COSPLAY ▪ 크로미**
Photographer: Kelvin Oh

MEGAN EMBREE A.K.A. VOLDE COSPLAY ▪
월드 오브 워크래프트, 흑마법사 티어2 천벌의 의복 세트
Photographer: Matthieu Roussotte

"3D 프린팅 기술을 도입한 이후로 게임의 갑옷을 그대로 인쇄하여 사용할 수 있었어요. 천벌 흑마법사와 실바나스 윈드러너 코스튬처럼 말이죠.
몇몇 부분은 게임의 모델 데이터를 추출해서 제 신체 치수에 맞춰 제작했어요. 정확한 재현을 위해 게임 모델을 그대로 출력하여 사용하는 경우
도 있었습니다."
—*Megan Embree a.k.a. Volde Cosplay*

ROXANNA LEE COSPLAY ▪ 사냥꾼 위도우메이커
Photographer: Joseph Chi Lin

"다림질을 하세요. 멋지게 사진에 담기는 가장 간단한 방법이죠. 전신 갑옷을 걸친 게 아니라면 스팀 작업과 다림질만 한 게 없어요. 코스튬이 구김 없이 자연스럽게 빛을 반사하게 되니까, 잘 나올 수밖에 없죠. 게다가 굳이 머리 싸매며 포토샵으로 일일이 주름을 없앨 필요도 없으니 좋아요."
—*Joseph Chi Lin*

JESSICA NIGRI ▪ 데스윙
Photographer: Carlos Guerrero
Costume designed by Zach Fischer

"코스튬을 제작할 때는 큰 그림을 보세요. 대신 천천히, 세부적으로 봐야겠죠. 많은 제작자가 초기부터 지나치게 힘을 주는 경우가 많아요. 물론, 제대로 통제한다면 열정이 득이 되는 경우도 있습니다. 효과적이고 매력적으로 디자인을 만들 수 있다면 말이죠. "많을수록 좋다"는 말은 초보 코스플레이어들이 자주 착각하는 부분입니다. "더 복잡한 디테일! 더 큰 어깨! 더 많은 가시 장식! 더 무거운 쇠사슬! 더 밝은 조명!" 같은 생각이 항상 틀렸다는 건 아니에요. 하지만 너무 과하면 좋아지는 것만큼, 반대로 나빠질 수도 있다는 점을 염두에 두세요. 단순히 '더 많이' 더한다고 좋은 디자인이 되진 않아요. 경제적으로 디자인해야 합니다. 가장 효과를 많이 볼 수 있는 부분의 디테일을 살리고 '더 많이' 더하되, 보는 사람의 시선에 쉴 틈을 줄 수 있는 여백과 단순함도 부여해야 합니다. 어떤 디테일이 중요한지 생각해서 해당 부분이 가장 돋보일 수 있게끔 구성해야 합니다. 나머지 부분은 핵심을 위한 안정적인 토대로 보세요."
—Zach Fischer

DANA HOLMES-MCGUIRE & COURTNEY HOLMES A.K.A. EGG SISTERS COSPLAY ▪

월드 오브 워크래프트, 포세이큰 도적
Five Rings Photography

"실패는 원하는 것을 제대로 배울 수 좋은 방법이랍니다. 그래서 저는 언제나 실패를 기대해요. 무언가가 잘못되면 이미 만들었던 걸 수정해서 넘어가는 경우도 있지만, 완전히 원점으로 돌아가야 하는 경우도 있어요. 저희 팀은 웃음으로 극복하는 법을 배웠어요. 그리고 SNS를 통해 코스플레이어들과 '대박 실패담'을 나누며 마음을 달래죠. 다른 코스플레이어들 얘기가 나왔으니 하는 말입니다만, 코스플레이 커뮤니티는 정말 친절해요. 똑똑한 사람들도 넘쳐나죠. 자주 도움이나 조언을 얻어요."
—*Dana Holmes-McGuire & Courtney Holmes a.k.a. Egg Sisters Cosplay*

MORGAN WANT ▪ 트레이서
Photographer: Carlos Guerrero

ALICIA BELLAMY (VERTVIXEN) ▪
아서스
Photographer: Carlos Guerrero

TAYLA BARTER A.K.A. KINPATSU COSPLAY ▪ 실바나스
Photographer: Tayla Barter

"전 보통 코스튬의 개별 부위를 파악해서 목록을 만드는 것으로 작업을 시작해요. 이렇게 분해하면 무엇을 제작해야 할지, 시간이 얼마나 소모될지 쉽게 파악할 수 있어요. 간혹 부위별로 스케치를 할 때도 있어요. 직접 그려보면 다양한 구성과 복잡한 요소들을 머릿속으로 시각화하는 데 도움이 되거든요."
—Tayla Barter a.k.a. Kinpatsu Cosplay

TAYLA BARTER A.K.A. KINPATSU COSPLAY ▪ 발리라 생귀나르
Photographer: Tayla Barter

LYZ BRICKLEY · 노바
Beethy Photography

"노바는 일종의 공동 작업으로 진행되었어요. 저는 폼보드를 이용하여 노바
의 장갑 부위를 제작했고, EL 와이어로 LED 불빛을 만들어냈죠. 총과 고글은
Henchmen Props가, 슈트는 Nathan DeLuca가 담당했고요."
—Lyz Brickley

MICHELLE MACGIBBON A.K.A.
MOLDYCHEESE COSPLAY ▪
때까치 아나
Photographer: Daniel MacGibbon

CHRISTINA MIKKONEN
A.K.A. ZERINA ▪ 에이그윈
Photographer: Tim Vo

"디테일에 시간을 투자한다면 기본적인 재료만으로도 기막힌 결과물을 구현해 낼 수 있어요. 폼보드는 과소평가된 재료입니다. 다양하게 활용할 수 있고 저렴하죠. 아크릴 물감은 어떤가요? 마찬가지로 저렴하고 여러 가지 색감을 구현할 수 있어요. 한마디로 부족한 경험을 비싼 부자재로 덮을 필요 없다는 거죠!"
—*Christina Mikkonen a.k.a. Zerina*

ILABELLE COSPLAY, HENDO ART, MAID OF MIGHT COSPLAY,
REAGAN KATHRYN, ELIZABETH RAGE • D.VA
Photographer: Carlos Guerrero

SVETLANA QUINDT A.K.A. KAMUI COSPLAY ▪
월드 오브 워크래프트, 성기사 티어2 세트
Photographer: Kamui Cosplay

TIGER LILY COSPLAY ▪
로즈 트레이서
Photographer: Missionfortysix

NATALIA KOCHETKOVA A.K.A. NARGA ▪ 리치 여왕 제이나
Photographer: Kira

OFLORA ▪ 젠야타
Photographer: David Ngo a.k.a. DTJAAAM, Costume made with help from Effekted Cosplay

CYNTHIA HALL A.K.A. ALUDIANA ▪ 디아블로 III, 악마사냥꾼
Photographer: Tom Hicks

"저는 세계의 다양한 문화와 역사적 작품에서 배운 기법을 활용합니다. 실, 비즈, 금속 부자재와 실크 리본 등 여러 자수 기법이 있어요. 많은 분이 실과 비즈 자수의 가치를 잘 알아보지 못하는 것 같아요. 작품에 적절한 자수를 통해 작은 포인트만 부여해도, 카메라와 무대 조명을 통해 돋보일 수 있어요. 두려워 마세요. 수작업은 도전할 가치가 있답니다!"
—*Cynthia Hall a.k.a. Aludiana*

SHEPHERDOFMEN CREATIONS · 바리안 린
Photographer: Carl Pangi a.k.a. Pangi Pictures

DANNY LANTERN ▪ 솔저: 76
Photographer: BriLan Imagery

"행사에서 멋진 코스플레이를 보는 건 언제나 놀라운 경험이었어요. 가끔은 직접 코스플레이를 한 적도 있답니다. 하지만 단순히 구경하는 것에 그치고 싶지는 않았어요. 고민 끝에 코스플레이어들의 노력과 창의성을 지원하기 위해 사진을 찍자는 결론에 도달했죠. 코스플레이 촬영은 창의력을 발휘하고 아이디어를 현실로 실현할 수 있다는 점에서 굉장히 매력이 있는 분야라고 생각해요."
—Brian Lansangan

KAFUR COSPLAY ▪ 블랙핸드
Photographer: Daniel MacGibbon

"사진은 코스플레이어에 초점이 맞춰져야 한다고 생각해요. 코스플
레이어가 관객에게 무엇을 전달하고 싶은지 잡아내는 것이 바로 사진
작가의 역할이죠. 완벽한 포즈 위에 조명을 비추는 것만으로도 충분
할 때가 있지만, 때로는 수천 시간 공들인 코스튬을 마침내 선보이게
된 환희를 카메라에 담아내야 하는 경우도 있죠."
—*Daniel MacGibbon*

SERAPH COSPLAY ▪ 강습 사령관 모리슨
Photographer: Jayce Williams a.k.a. Photo NXS

"원작을 토대로 촬영하는 것이 목표입니다. 대상이 게임이나 애니메이션 또는 책이 되었든 간에 말이죠. 적절한 촬영 장소를 물색하며, 조명을 어떻게 운용할지 또한 생각합니다. 저는 사진의 선명도, 그리고 조명에 집착하는 편입니다. 촬영 주제를 최대한 명료하고 깔끔하게 묘사하길 원하기 때문이에요. 종종 작업하는 어둡고 지저분한 주제만 아니라면, 평상시에는 인물이 사진 밖으로 뛰쳐나올 것만 같은 생동감을 갖추는 것에 주로 초점을 맞춥니다."
—*Jayce Williams a.k.a. Photo NXS*

AVERY FAITH ▪ 스타크래프트 II, 부관
Photographer: Tom Hicks

SERAPH COSPLAY ▪ 말티엘
Eric Ng a.k.a. Bigwhitebazooka Photography

"촬영할 때 하나의 이야기를 만드는 걸 좋아해요. 보는 이에게 그 이야기를 전달
했을 때 특히 만족감을 느끼죠. 저의 작품이 서면에 찍힌 단순한 사진이 아닌, 영
화적 요소를 통해 생동감 있는 이야기를 전하는 작품이 되기 바랍니다."
—*Eric Ng a.k.a. Bigwhitebazooka Photography*

KATE SARKISSIAN ▪ 알레리아
Photographer: Carl Pangi a.k.a. Pangi Pictures

"누가, 언제, 무엇을, 어떻게, 왜 했는지에 대한 질문으로 제 작업이 시작된답니다. 나의 캐릭터가 놓인 환경과 행동을
고민해보죠. 이런 과정을 통해 알맞은 장소, 내가 통제할 수 있는 장소로 좁혀 나갑니다."
—Carl Pangi a.k.a. Pangi Pictures

**LAURA & RALF FROM
LIGHTNING COSPLAY** ▪
디아블로 III, 야만용사
Photographer: Darshelle Stevens

SPIIDER MOM ▪ 트레이서
Photographer: Jayce Williams a.k.a. Photo NXS

"전 행사장 밖에서 촬영하는 걸 선호하는 사람이에요. 스튜디오 촬영은 아주 드
물게 이루어지는 편이죠. 적절한 배경, 즉 나무와 같은 자연경관만 적당히 존재한
다면 실내와는 전혀 다른 분위기를 낼 수가 있어요."
—*Jayce Williams a.k.a. Photo NXS*

NEFENI COSPLAY ▪ 디아블로 III, 불새 마법사
Photographer: Jayce Williams a.k.a. Photo NXS

**ASHLEY O'NEILL
A.K.A. OSHLEY COSPLAY** ▪
월드 오브 워크래프트, 사냥꾼
Brandon Klemets Photography

JESSICA NIGRI ▪ 알렉스트라자
Martin Wong Photo

"원하는 장면을 위해 몇 시간이나 정글과 계곡을 헤맨 적도 있어요.
심지어 눈밭을 헤치고 불을 피우며 이상적인 장면을 얻었었죠. 이렇
듯 모험을 수반한 촬영 작업으로 멋진 결과를 만들어냈을 때는, 더
욱 잊을 수 없고 만족스럽답니다."
—*Martin Wong*

TINAKINZ ▪
전투 의무관 치글러
Photographer: David Ngo
a.k.a. DTJAAAM

OKAGEO COSPLAY ▪
월드 오브 워크래프트,
고통을 부르는 검투사의 판금 방어구
Eric Ng a.k.a. Bigwhitebazooka
Photography

"이미지를 통해 감정을 전달함으로써 해당 캐릭터의 특성을 드러
내는 걸 좋아합니다. 특히 색감을 이용해, 적절한 분위기를 조성함
으로써 코스튬을 실제보다 더욱 강렬하게 보이도록 촬영하는 것을
즐깁니다."
—*Eric Ng a.k.a. Bigwhitebazooka Photography*

JESSICA NIGRI ▪ 라인하르트
Photographer: David Ngo a.k.a. DTJAAAM

MACKENZIE SMITH & CHRIS EYLES ▪
투랄리온과 알레리아
Photographer: Benjamin Koelewijn
Costume by Henchmen Studios

"행사에 참여해서 새로운 사람들과 만나는 사회적 경험이 제가 느낀 가장 큰 매력 중 하나였
어요. 코스플레이 덕분에 전 세계의 환상적인 사람들과 친구가 될 수 있었죠. 코스플레이 없
는 제 인생은 이제 상상이 되지 않아요!"
—*Jordan Duncan of Henchmen Studios*

MICHAEL CASTEEL ▪ 데커드 케인
Photographer: Brandi Cooper

"저희는 매년 코스플레이라는 공통의 관심사를 가진 전 세계의 열정적인 사람들과 만나게 됩니다. 그곳에서 저희에게 열광하는 이들을 만나고, 동료 코스플레이어들의 놀라운 작품까지 직접 보게 되어 정말 기뻐요. 동료 코스플레이어와 행사 관계자, 관객들의 친절과 지지는 어디에서도 느껴보지 못한 특별한 경험입니다."
—Michael & Ashley Casteel a.k.a. SteelBarrel Cosplay

NIKKI LEE COSPLAY ▪ 겐지
Photographer: David Ngo a.k.a. DTJAAAM

MEGAN EMBREE A.K.A. VOLDE COSPLAY ▪ 트레이서
Photographer: Pablo Lloreda

"블리즈컨을 통해 만난 코스플레이어들은 모두 이제 저의 가족이랍니다. 그곳에서 얻은 새로운 경험들, 특히 코스튬은 제게 각별해요.
몇 년 전에 코스플레이를 시작하지 않았더라면 지금의 저도 없었을 거예요."
—Megan Embree a.k.a. Volde Cosplay

SVETLANA QUINDT A.K.A. KAMUI COSPLAY ·
월드 오브 워크래프트, 트롤 드루이드
Photographer: Kamui Cosplay

SVETLANA QUINDT A.K.A. KAMUI COSPLAY ▪ *디아블로 III, 야만용사*
Photographer: Darshelle Stevens

"가장 흥미로웠던 블리즈컨은 2009년입니다. 첫 미국 방문이었어요. 영어를 전혀 할 줄 몰랐던 때라 정신없는 모험과도 같았습니다. 가능한 한 많은 콘테스트 (일러스트, 댄스, 코스플레이)에 참가했어요. 최대한 일찍 전시장에 입장하고 싶었거든요. 소통도 안 되고, 이따금 예상치 못한 문화 충격을 겪기도 했지만, 굉장히 즐거운 경험이었죠. 그런데 하루가 끝날 때쯤 되자 너무 피곤해서 무대에 올라갔었다는 사실조차 완전히 잊어버렸답니다. 그런데 어떻게 이 사실을 알고 있냐고요? 나이트 엘프가 되어 춤을 추는 제 모습이 유튜브에 있더군요."

—Svetlana Quindt a.k.a. Kamui Cosplay

PHALEURE COSPLAY ▪ 하스스톤, 전쟁노래 사령관
Photographer: David Ngo a.k.a. DTJAAAM

AERLYN'S COSPLAY & DESIGNS ▪ 윈스턴
Photographer: Carlos Guerrero

CHRISTINA MIKKONEN
A.K.A. ZERINA ▪
디아블로 III, 수도사
Photographer: Tim Vo

"저는 코스플레이를 통해 너무나 멋진 사람들을 만났어요. 사랑하는
게임의 코스플레이어들을 만난다고 생각해보세요. 보는 즉시 통하게
된답니다."
—*Christina Mikkonen a.k.a. Zerina*

MONIKA LEE ▪ 디아블로 III, 악마사냥꾼
Photographer: Carlos Guerrero

"저에게 코스플레이란 자신을 표현할 수 있는 커다란 배출구에요.
뭔가를 만들고, '이걸 내가 만들었어!'라고 말할 때 커다란 보람을 느낍니다."
—Monika Lee

KAY BEAR ▪ 디아블로 III, 악마사냥꾼
Photographer: Carlos Guerrero

KANOSCOS ▪ 둠피스트
Photographer: Gil Riego

KEEGAN ROCKLEY ▪ 둠피스트
Photographer: Long Ty
Costume by Henchmen Studios

"우리가 생명을 불어넣은 캐릭터에 관객들이 함께 열광하는 건 정말 흥분되는 일이죠. 캐릭터와 스토리에 대한 열정을 공유하기에 서로 다른 배경의 사람들이 모이게 됩니다. 같은 애정을 지닌 사람들과 만나는 건 언제나 짜릿해요."
—*Jordan Duncan of Henchmen Studios*

CAVIER BLEU • 둠피스트
Photographer: Carlos Guerrero, Costume by Henchmen Studios

PIXELPANTZ ▪ *디아블로 III, 성전사*
Photographer: Alec Rawlings

"코스플레이 덕분에 소중한 친구들을 사귀게 되었어요. 행사에 참여하거나
코스플레이를 하지 않았더라면 이런 놀라운 사람들과 만날 기회는 없었었겠
죠. 마치 게임처럼, 코스플레이는 다양한 사람들을 연결해주는 역할을 한다
고 생각해요. 특히 블리즈컨을 통해 절친한 친구를 여럿 사귀게 되었어요."
—*PixelPantz*

SARAH SPURGIN ▪ 정크랫
Photographer: Tim Vo

MARY BOOTH ▪ 마이에브
Photographer: Tom Hicks

VOX ▪ 마녀 메르시
Photographer: Taylor Creighton & Vox a.k.a. Outside_the_Vox

"창의적인 활동이라는 생각에 저는 Vox(시바견, 4세)와의 코스플레이를 지속하고 있어요. 그리고 Vox의 귀여운 코스플레이를
사랑하는 사람이 많아요. 그녀의 코스플레이가 단 한 명의 하루라도 행복하게 만들어 준다면, 그만한 가치가 있다고 생각해요."
—Taylor Creighton & Vox a.k.a. Outside_the_Vox

VOX · D.VA
Photographer: Taylor Creighton & Vox a.k.a. Outside_the_Vox

VOX ▪ 아서스
Photographer: Taylor Creighton & Vox a.k.a. Outside_the_Vox

"우선 코스튬을 입은 Vox를 상상하고 스케치를 그려요. 크기를 가늠해봐야 하거든요. 그런 다음, 작은 조끼를 만들고
그 위로 덧붙여 나가는 방식으로 작업을 진행하죠!"
—*Taylor Creighton & Vox a.k.a. Outside_the_Vox*

FAWKES ▪ 그롬마쉬 헬스크림
Photographer: Cat Cosplay

FAWKES • 정크랫
Photographer: Cat Cosplay

FAWKES ▪ 맥크리
Photographer: Cat Cosplay

SVETLANA QUINDT A.K.A.
KAMUI COSPLAY ▪ 디아블로 III,
마법사
Photographer: Kamui Cosplay

"코스플레이 기술이 일상에서 쓰이는 일은 별로 없죠. 하지만 제 성격에 긍정적인 영향을 준 건 확실해요. 굉장히 수줍음 많고, 자신감이 부족한 편이었거든요. 학교 수업 시간 때, 발표조차 제대로 못 했으니까요. 학창 시절이 행복했던 학생은 아니었어요."
—Svetlana Quindt a.k.a. Kamui Cosplay

DANA HOLMES-MCGUIRE & COURTNEY HOLMES
A.K.A. EGG SISTERS COSPLAY ▪ 트래그울의 화신
Eric Ng a.k.a. Bigwhitebazooka Photography

"코스플레이에는 끝이 없는 것 같아요. 새로운 걸 배우고 항상 개선해나가죠. 그 과정에서 영감을 주는 캐릭터들을 새롭게 접하기도 하고요.
코스플레이어들은 한계를 뛰어넘는 과정과 다른 제작자들이 사용하는 기술을 직접 적용해보는 것에 중독되었다고 생각해요. 그래서인지,
저희는 노인이 되어서도 코스플레이는 그만둘 생각이 없어요."
—*Dana Holmes-McGuire & Courtney Holmes a.k.a. Egg Sisters Cosplay*

DANA HOLMES-MCGUIRE & COURTNEY HOLMES
A.K.A. EGG SISTERS COSPLAY ▪ 트래그울의 화신
Photographer: Tim Vo

NATALIA KOCHETKOVA
A.K.A. NARGA ▪ 티란데
Photographer: Kira

DANIELLE BEAULIEU ▪ 빛나래
Photographer: Carlos Guerrero

DANIELLE BEAULIEU ▪ 월드 오브 워크래프트,
복수심에 불타는 검투사의 판금 방어구
Photographer: Carlos Guerrero

PIXELPANTZ ▪ 아서스
Photographer: Alec Rawlings

"제게 코스플레이는 안식처와도 같아요. 활동하며 만나는 사람들,
나아가 코스플레이를 하는 과정이 제 마음을 치유하거든요. 마감
에 쫓기고 처참하게 코스튬을 망쳤을 때처럼 최악의 순간들 속에
서도 즐거움을 느껴요. 최근에도 장기 프로젝트를 진행하느라 완
전히 지쳐버렸지만, 얼마 지나지 않아 새로운 프로젝트를 시작하
겠죠."
—PixelPantz

부록:
Behind the
Curtain

SARA MCMUNN
A.K.A. C'EST LA SARA ▪
디아블로 III, 불새 마법사
Photographer: Sara McMunn
a.k.a. C'est La Sara

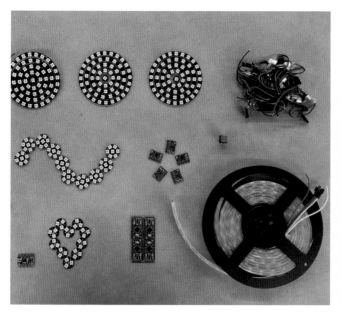
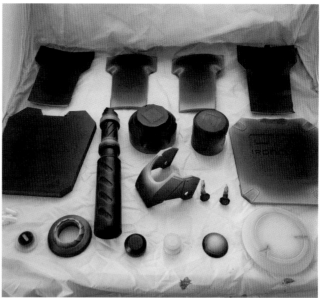

ALINA GRANVILLE A.K.A. SPOON MAKES ▪
토르비욘

Photographer: Alina Granville a.k.a. Spoon Makes
(main photo: Albert Ng)

"가장 먼저 고민하는 건 규모, 특수 효과, 그리고 재료입니다. 우선, 제 사진 위에 스케치를 그려요. 참고 사진을 옆에 놓고 신체 치수에 맞춰 크기와 비율을 어떻게 조정할지 계산하죠. 특수 효과에서는 조명과 개별 부위의 움직임을 정하고, 각 부분을 어떤 방식(버튼식, 모션 센서, 리모트 컨트롤 등)으로 작동시킬지 고민해 봐요. 특수 효과는 크기, 무게, 소재, 구조 등이 제한되기 때문에 프로젝트 초기에 결정하는 게 중요해요. 다음은 어떤 재료를 사용할지 정하는 단계랍니다. 스케치를 통해 디자인과 조립 과정을 상상해보는 거죠. 이렇게 3단계가 마무리되고 나서야 본격적으로 제작에 돌입합니다.
—*Alina Granville a.k.a. Spoon Makes*

TIGER LILY COSPLAY ▪ 로즈 트레이서
Photographer: Tiger Lily Cosplay (main photo: gamer_gent)

"전 보통 대형 코스튬은 만들지 않아요. 덕분에 크기 제한에 자유로워요. 하지만 온종일 전시회를 돌아다니다 보면 평소에 안 하던 생각을 하게 되더라고요. 1kg짜리 어깨 방어구를 5시간 동안 걸치고 있으면 허리가 정말 아프겠다는, 그런 생각 말이죠. 밀집된 관중들 사이에서 돌출된 코스튬, 이를테면 날개를 달고 돌아다닌다고 생각해보세요. 엄청난 노력을 들여 만들었는데 누가 실수로 부딪히는 바람에 허무하게 부러진다면? 전 상상하는 것만으로도 무섭네요."
—Tiger Lily Cosplay

CHAD HOKU A.K.A. HOKU PROPS ▪ 라이언하르트
Photographer: Chad Hoku a.k.a. Hoku Props
(this page, bottom left photo: Jason J Kim Photography)

"전 대학교에서 3D 모델링과 애니메이션을 전공했어요. 그때 배운 기술들을 지금 직장에서도 사용하고 있죠. 제 코스플레이 프로토타입 및 모형들도 2D와 3D 기술을 사용하여 디자인했습니다."
—*Chad Hoku a.k.a. Hoku Props*

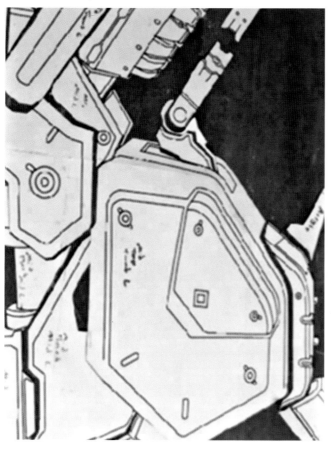

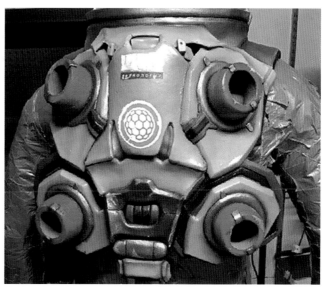

DAVID O'ROURKE ▪ 자리야
Photographer: David O'Rourke
(main photo: Greg De Stefano)

"코스튬의 개별적인 부분 및 세부적인 사항들을 인지하기 위해 노력합니다. 어렵고 복잡한 디자인도 작은 부분들의 합으로 이루어져 있다는 사실은 변함이 없거든요. 그러니까 숲을 보는 대신 나무를 봐야 하는 경우인데, 프로젝트에 필요한 게 무엇인지 알 수 있게 되는 거죠. 단기 이정표를 세움으로써 접근 방법을 체계화하는 과정이라고 보시면 됩니다."
—David O'Rourke

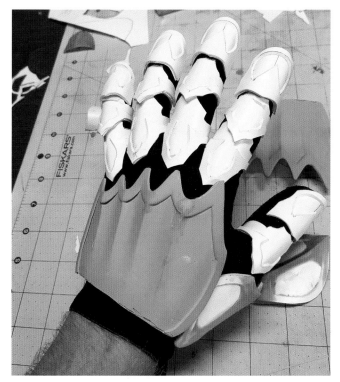

CALEB NEAL A.K.A. FABRICATOR DJINN ·
임페리우스

Photographer: Fabricator Djinn (main photo: Eric Ng a.k.a. Bigwhitebazooka Photography)

"제가 주로 사용하는 소재는 신트라 폼보드(Sintra [XPVC])입니다. 대리석처럼 매끈한 일종의 경질 플라스틱으로 가벼운 무게, 저렴한 비용, 강한 내구성을 자랑합니다. EVA폼의 특성과 스타이렌(Styrene)의 강도를 동시에 지닌 덕분에 정말 훌륭한 소재입니다. 굳이 단점을 꼽자면 비교적 다루기 어렵다는 점, 그리고 가열했을 때 뿜어져 나오는 지독한 연기가 있겠네요."
—Caleb Neal a.k.a. Fabricator Djinn

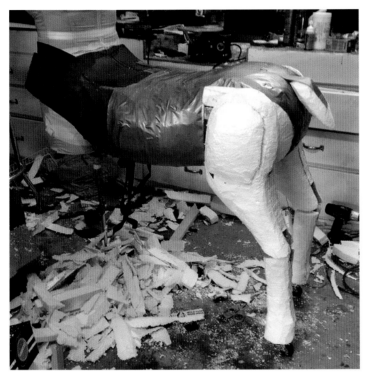
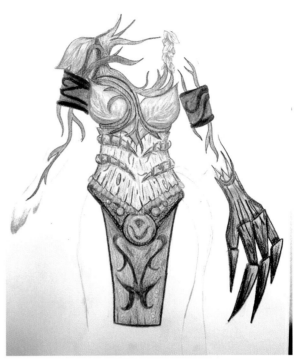

KRISTIN STUMPP A.K.A. LITTLE SPARKZ COSPLAY · 세나리우스
Photographer: Kristin Stumpp a.k.a. Little Sparkz
Cosplay (main photo: Beethy Photography)

"우선 여러 각도에서 캐릭터의 모습을 확보한 뒤 평면도를 그려요. 게임 속 무언가를 현실로 바꿔 사용할 수 있게끔 만드는 작업이죠.
코스튬의 전면과 후면을 먼저 스케치한 다음, 개별적인 부분은 확대해서 그려 놓는 편이에요. 스케치 과정이 끝나면 비닐을 씌우고
마스킹 테이프로 고정합니다. 그런 다음, 비닐 위로 스케치한 디자인을 그려 넣는 작업을 합니다. 이 과정을 거치면 기본 장식을 만들
고 실제 크기에 맞는 부위를 제작할 수 있게 됩니다. 스케치가 끝나면 테이프를 떼어내고 비닐에 새긴 디자인을 잘라내어 갑옷과 옷
감을 제작하는 데 사용해요."
—Kristin Stumpp a.k.a. Little Sparkz Cosplay

STEPHANIE A.K.A. M42SC COSPLAY ▪
오아시스 시메트라
Photographer: Stephanie a.k.a. M42SC Cosplay
(main photo: Billy Causey)

"전자 장치 때문에 수리 장비를 꼭 지참하고 다녀요. 납땜용 인두, 절연 테이프, 여분의 철사, 가위, 다용도 칼, 글루건, 와이어 스트리퍼, 그리고 플라이어로 구성되어 있죠. 코스플레이에서 전자 장치는 화려하지만 동시에 가장 취약한 부분이기도 해요. 실제로도 몇 주간 작업한 의상이 여행 도중에 망가지는 경우가 있었어요. 그런 일을 겪다 보니 항상 신경을 쓰게 되더군요. 코스플레이 직전에 호텔에서 응급 수리를 해야 하는 경우가 생길지도 모르니까요."
— *Stephanie a.k.a. M42SC Cosplay*

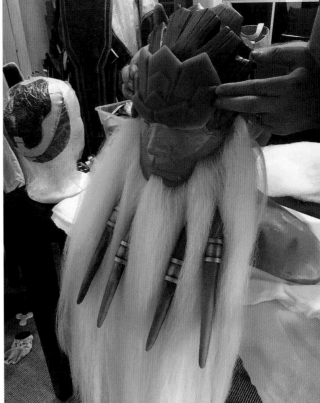

MICHAEL CASTEEL ▪ 벨렌
Photographer: Michael & Ashley Casteel a.k.a. SteelBarrel Cosplay
(main photo: Ashley Casteel)

"우리가 사용했던 가장 특이한 소재는 '풀 누들(Pool Noodle)'입니다. 본격적인 의상 제작에서 절대 사용되지 않을 것만 같아 보이죠. 그것으로 켈투자드의 후드 테두리를 둘렀어요. 과정 자체가 특이했던 소재를 뽑자면 아무래도 폴리우레탄 폼이 아닐까 싶어요. 사용하기 까다로운 탓에 시행착오를 여러 번 겪었죠. 가볍고 유연한 데다 쉽게 조형이 가능한 특성 덕분에 벨렌의 꼬리와 머리 윗부분을 제작할 때 사용했죠. 인공 기관을 사용하는 작업은 처음이라 저희에게도 큰 도전이었어요. 제작의 첫 단계는 인공 기관을 붙일 흉상을 만드는 거였는데, 저희는 시작부터 난항을 겪었어요. 덕분에 첫 번째 도전은 완전히 실패해버리고 말았죠."
—*Michael & Ashley Casteel a.k.a. SteelBarrel Cosplay*

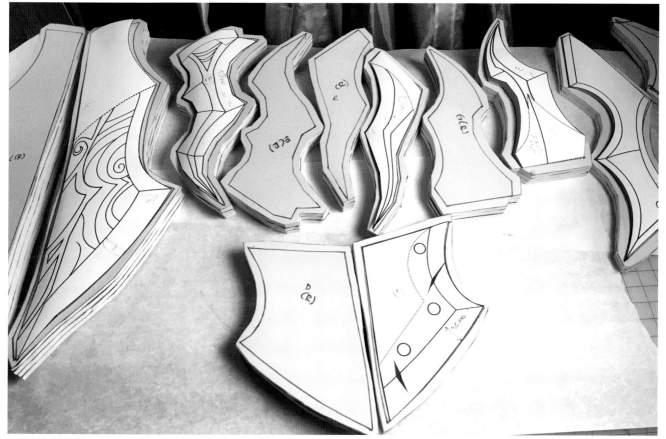

SARA MCMUNN A.K.A. C'EST LA SARA ▪
디아블로 III, 불새 마법사
Photographer: Sara McMunn a.k.a. C'est La Sara

"저는 종종 중앙에서 바깥쪽으로 작업을 진행해요. 멀리서 봤을 때, 몸통과 가슴, 어깨 부분이 의상의 중심을 잡아주는 역할을 하죠. 제작 순서는 중요도에 따라 달라지는데, 난이도가 낮은 장갑과 신발은 마지막에 놓이게 돼요. 기분에 따라 바뀌기도 합니다. 바느질하고 싶다거나 차고에서 일하고 싶은 경우가 그렇죠. 인터넷으로 주문한 재료가 도착하지 않았을 때도 있습니다. 그리고 머리를 비우고 싶을 때는 사포질이나 밑칠 등, 단순 작업이 최고예요. 기분이 즐거울 때는 보통 자료조사, 디자인, 일정 계획 같은 머리 쓰는 작업을 합니다."
—*Sara McMunn a.k.a. C'est La Sara*

JESSICA NIGRI ▪ 신드라고사
Photographer: David Ngo a.k.a. DTJAAAM
Costume designed by Zach Fischer

"캐릭터가 상징적인 이미지에서 벗어나게 되면 관객들은 코스플레이를 알아보는 데 어려움을 겪게 되는 것 같아요. 전 그래서 캐릭터의 중요한 특징, 즉 정수를 포착하는 일에 많은 시간을 할애합니다. 원작에서 어떤 부분을 바꿀 수 있는지, 또는 없는지 정확히 아는 게 코스플레이의 중요한 차이를 만들어낸다고 생각해요."
—*Zach Fischer*

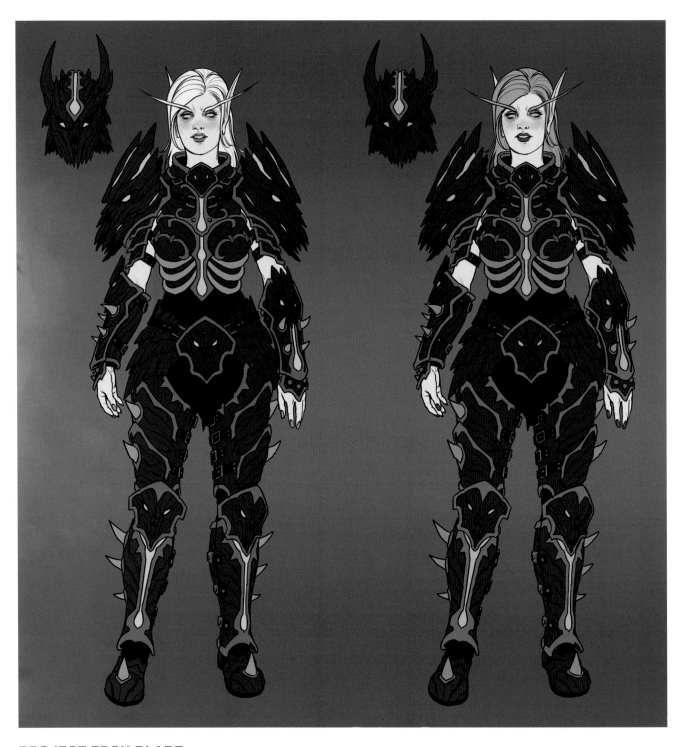

PROJECT EBON BLADE
Costume designed by Zach Fischer

"Project Ebon Blade는 가장 큰 규모를 자랑하는 코스플레이 협업 프로젝트입니다. 약 100명 이상이 소속되어 있고, 그 수는 지속해서 증가하고 있어요. 호드와 얼라이언스의 대규모 전쟁 속에서, 새로운 리치왕 볼바르가 두 진영의 용사들을 죽음의 기사로 되살려 자신과 칠흑의 기사단(Ebon Blade)을 섬기도록 만들고 있다는 게 우리 프로젝트의 배경 세계관입니다. 아제로스의 영웅들이 죽음의 기사가 되었다고 상상해보세요. 저는 현재 콜티라 데스위버, 종교 재판관 화이트메인, 그리고 리치왕을 새로 디자인하고 있습니다. 그리고 알렉스트라자, 크로미, 메디브같은 영웅들을 죽음의 기사로 타락시키려 합니다. 작업을 진행할 때마다 기대감이 점점 부풀어 오르네요. 우리가 2018년 블리즈컨의 문을 향해 진격하는 순간, 죽음이 모두를 지배할 것입니다!"
—Zach Fischer

PROJECT EBON BLADE
VOL'JIN
20 ZACH FISCHER 18

FEYISCHE COSPLAY ▪ 월드 오브 워크래프트, 드레나이 사냥꾼
Photographer: Feyische and Enishi Cosplay
(main photo: SeiPhoto)

"새로운 코스튬 제작에 딱히 예산을 정해놓지는 않아요. 우선 가지고 있는 재료부터 사용하고 부족한 건 상황에 따라서
구하죠. 제작이 워낙 즉흥적으로 이루어지는 탓에 사전에 비용을 계산하는 건 굉장히 힘든 일이랍니다."
—*Feyische & Enishi Cosplay*

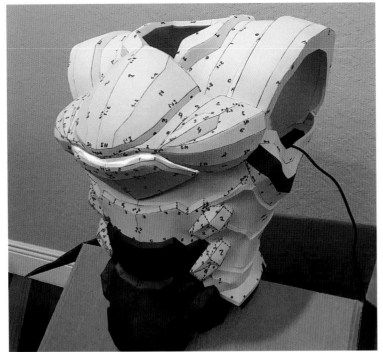

JUSTIN HADEED A.K.A. JUSCOSPLAY ▪ 파라

Photographer: Justin Hadeed a.k.a. JusCosplay
(main photo: Martin Wong Photo)

"저의 가장 성공적인 코스플레이는 여러 기능이 장착된 파라 코스튬입니다. 제가 지닌 지식의 한계
를 뛰어넘어야만 하는 프로젝트였어요. 가장 큰 도전은 동력을 공급하는 동시에 무게를 낮추는 방법
을 찾는 거였어요. 여러 가지 신소재의 도움과 제작과정 중에 배운 물리학 덕분에 프로젝트를 성공적
으로 마칠 수 있었죠."
—Justin Hadeed a.k.a. JusCosplay

LORRAINE TORRES ▪ 키대아
Photographer: Lorraine Torres
(main photo, bottom left photo: Tom Hicks)

"키대아는 여러 계획을 동반한 코스플레이로 특별 관리가 필요한 프로젝트였어요. 플로리다와 캘리포니아를 가로지르는 장거리 운송 계획과 행사장 및 무대 이동 방법, 거리에 따른 디테일까지 신경 쓸 부분이 정말 많았죠. 여기서 '거리에 따른 디테일'이란, 의상을 멀리 혹은 가까이서 육안과 카메라로 봐도 동일하게 매력적으로 보이게끔 하는 것을 의미해요."
—*Lorraine Torres*

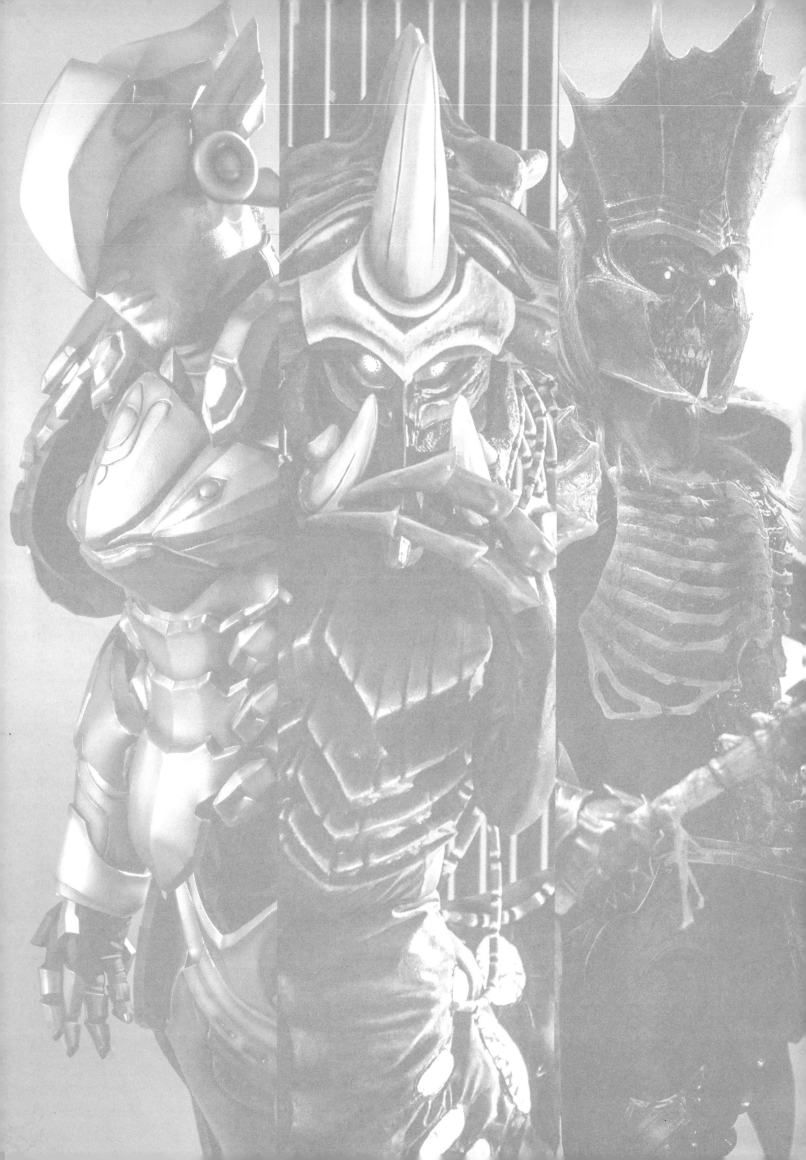